I0177263

PREFACIO

La colección de guías de conversación para viajar "Todo irá bien" publicada por T&P Books está diseñada para personas que viajan al extranjero para turismo y negocios. Las guías contienen lo más importante - los elementos esenciales para una comunicación básica.Éste es un conjunto de frases imprescindibles para "sobrevivir" mientras está en el extranjero.

Esta guía de conversación le ayudará en la mayoría de los casos donde usted necesite pedir algo, conseguir direcciones, saber cuánto cuesta algo, etc. Puede también resolver situaciones difíciles de la comunicación donde los gestos no pueden ayudar.

Este libro contiene muchas frases que han sido agrupadas según los temas más relevantes.También encontrará un mini diccionario con palabras útiles - números, hora, calendario, colores…

Llévese la guía de conversación "Todo irá bien" en el camino y tendrá una insustituible compañera de viaje que le ayudará a salir de cualquier situación y le enseñará a no temer hablar con extranjeros.

TABLA DE CONTENIDOS

T&P Books Publishing

Colección de guías de conversación
"¡Todo irá bien!"

T&P Books Publishing

GUÍA DE CONVERSACIÓN

HINDI

LAS PALABRAS Y LAS FRASES MÁS ÚTILES

Esta Guía de Conversación contiene las frases y las preguntas más comunes necesitadas para una comunicación básica con extranjeros

Andrey Taranov

T&P BOOKS

Guía de conversación + diccionario de 250 palabras

Guía de conversación Español-Hindi y mini diccionario de 250 palabras

por Andrey Taranov

La colección de guías de conversación para viajar "Todo irá bien" publicada por T&P Books está diseñada para personas que viajan al extranjero para turismo y negocios. Las guías contienen lo más importante - los elementos esenciales para una comunicación básica. Éste es un conjunto de frases imprescindibles para "sobrevivir" mientras está en el extranjero.

También encontrará un mini diccionario con 250 palabras útiles necesarias para la comunicación diaria - los nombres de los meses y de los días de la semana, medidas, miembros de la familia, y más.

Copyright © 2024 T&P Books Publishing

Todos los derechos reservados. Ninguna porción de este libro puede reproducirse o utilizarse de ninguna manera o por ningún medio; sea electrónico o mecánico, lo cual incluye la fotocopia, grabación o información almacenada y sistemas de recuperación, sin el permiso escrito de la editorial.

T&P Books Publishing
www.tpbooks.com

ISBN: 978-1-78616-891-7

Este libro está disponible en formato electrónico o de E-Book también.
Visite www.tpbooks.com o las librerías electrónicas más destacadas en la Red.

PRONUNCIACIÓN

La letra	Ejemplo hindi	T&P alfabeto fonético	Ejemplo español

Las vocales

अ	अक्सर	[a]; [ɑ], [ə]	radio; llave
आ	आगमन	[a:]	contraataque
इ	इनाम	[i]	ilegal
ई	ईश्वर	[i], [i:]	tranquilo
उ	उठना	[ʊ]	pulpo
ऊ	ऊपर	[u:]	jugador
ऋ	ऋग्वेद	[r, rʲ]	gritar
ए	एकता	[e:]	sexto
ऐ	ऐनक	[aj]	paisaje
ओ	ओला	[o:]	domicilio
औ	औरत	[au]	mausoleo
अं	अंजीर	[ŋ]	manga
अः	अ से अः	[h]	registro
ऑ	ऑफिस	[ɒ]	paralelo

Las consonantes

क	कमरा	[k]	charco
ख	खिड़की	[kh]	[k] aspirada
ग	गरज	[g]	jugada
घ	घर	[gh]	[g] aspirada
ङ	डाकू	[ŋ]	manga
च	चक्कर	[tʃ]	mapache
छ	छात्र	[tʃh]	[tsch] aspirado
ज	जाना	[dʒ]	jazz
झ	झलक	[dʒ]	jazz
ञ	विज्ञान	[n]	leña
ट	मटर	[t]	torre
ठ	ठेका	[th]	[t] aspirada
ड	डंडा	[d]	desierto
ढ	ढलान	[d]	desierto
ण	क्षण	[n]	La nasal retrofleja
त	ताकत	[t]	torre

La letra	Ejemplo hindi	T&P alfabeto fonético	Ejemplo español
थ	थकना	[th]	[t] aspirada
द	दरवाज़ा	[d]	desierto
ध	धोना	[d]	desierto
न	नाई	[n]	sonar
प	पिता	[p]	precio
फ	फल	[f]	golf
ब	बच्चा	[b]	en barco
भ	भाई	[b]	en barco
म	माता	[m]	nombre
य	याद	[j]	asiento
र	रीछ	[r]	era, alfombra
ल	लाल	[l]	lira
व	वचन	[v]	travieso
श	शिक्षक	[ʃ]	shopping
ष	भाषा	[ʃ]	shopping
स	सोना	[s]	salva
ह	हज़ार	[h]	registro

Las consonantes adicionales

क़	क़लम	[q]	catástrofe
ख़	ख़बर	[h]	coger
ड़	लड़का	[r]	era, alfombra
ढ़	पढ़ना	[r]	era, alfombra
ग़	ग़लती	[ɣ]	amigo, magnífico
ज़	ज़िन्दगी	[z]	desde
झ़	ट्रेझ़र	[ʒ]	adyacente
फ़	फ़ौज	[f]	golf

LISTA DE ABREVIATURAS

Abreviatura en español

adj	-	adjetivo
adv	-	adverbio
anim.	-	animado
conj	-	conjunción
etc.	-	etcétera
f	-	sustantivo femenino
f pl	-	femenino plural
fam.	-	uso familiar
fem.	-	femenino
form.	-	uso formal
inanim.	-	inanimado
innum.	-	innumerable
m	-	sustantivo masculino
m pl	-	masculino plural
m, f	-	masculino, femenino
masc.	-	masculino
mat	-	matemáticas
mil.	-	militar
num.	-	numerable
p.ej.	-	por ejemplo
pl	-	plural
pron	-	pronombre
sg	-	singular
v aux	-	verbo auxiliar
vi	-	verbo intransitivo
vi, vt	-	verbo intransitivo, verbo transitivo
vr	-	verbo reflexivo
vt	-	verbo transitivo

Abreviatura en hindi

f	-	sustantivo femenino
f pl	-	femenino plural
m	-	sustantivo masculino
m pl	-	masculino plural

T&P BOOKS

GUÍA DE CONVERSACIÓN HINDI

Esta sección contiene frases
importantes que pueden
resultar útiles en varias
situaciones de la vida real.
La Guía le ayudará a pedir
direcciones, aclaración
sobre precio, comprar billetes,
y pedir alimentos en un
restaurante

T&P Books Publishing

CONTENIDO DE LA GUÍA DE CONVERSACIÓN

T&P Books Publishing

Perdone, ...

माफ़ कीजिएगा, ...
māf kījiega, ...

Hola.

नमस्कार।
namaskār.

Gracias.

शुक्रिया।
shukriya.

Sí.

हाँ।
hān.

No.

नहीं।
nahin.

No lo sé.

मुझे नहीं मालूम।
mujhe nahin mālūm.

¿Dónde? | ¿A dónde? | ¿Cuándo?

कहाँ? | कहाँ जाना है? | कब?
kahān? | kahān jāna hai? | kab?

Necesito ...

मुझे ... चाहिए।
mujhe ... chāhie.

Quiero ...

मैं ... चाहता /चाहती/ हूँ।
main ... chāhata /chāhatī/ hūn.

¿Tiene ...?

क्या आपके पास ... है?
kya āpake pās ... hai?

¿Hay ... por aquí?

क्या यहाँ ... है?
kya yahān ... hai?

¿Puedo ...?

क्या मैं ... सकता /सकती/ हूँ?
kya main ... sakata /sakatī/ hūn?

..., por favor? (petición educada)

..., कृपया।
..., krpaya.

Busco ...

मैं ... ढूंढ रहा /रही/ हूँ।
main ... dhūnrh raha /rahī/ hūn.

el servicio

शौचालय
shauchālay

un cajero automático

एटीएम
etīem

una farmacia

दवा की दुकान
dava kī dukān

el hospital

अस्पताल
aspatāl

la comisaría

पुलिस थाना
pulis thāna

el metro

मेट्रो
metro

un taxi	टैक्सी taiksī
la estación de tren	ट्रेन स्टेशन tren steshan

Me llamo …	मेरा नाम ... है। mera nām ... hai
¿Cómo se llama?	आपका क्या नाम है? āpaka kya nām hai?
¿Puede ayudarme, por favor?	क्या आप मेरी मदद कर सकते /सकती/ हैं? kya āp merī madad kar sakate /sakatī/ hain?
Tengo un problema.	मुझे एक परेशानी है। mujhe ek pareshānī hai.
Me encuentro mal.	मेरी तबियत ठीक नहीं है। merī tabiyat thīk nahin hai.
¡Llame a una ambulancia!	एम्बुलेन्स बुलाओ! embulens bulao!
¿Puedo llamar, por favor?	क्या मैं एक फ़ोन कर सकता /सकती/ हूँ? kya main ek fon kar sakata /sakatī/ hūn?

Lo siento.	मुझे माफ़ करना। mujhe māf kar do.
De nada.	आपका स्वागत है। āpaka svāgat hai.

Yo	मैं main
tú	तू tū
él	वह vah
ella	वह vah
ellos	वे ve
ellas	वे ve
nosotros /nosotras/	हम ham
ustedes, vosotros	तुम tum
usted	आप āp

ENTRADA	प्रवेश pravesh
SALIDA	निकास nikās

FUERA DE SERVICIO　　　　ख़राब है
　　　　　　　　　　　　　kharāb hai

CERRADO　　　　　　　　बंद
　　　　　　　　　　　　　band

ABIERTO　　　　　　　　　खुला
　　　　　　　　　　　　　khula

PARA SEÑORAS　　　　　महिलाओं के लिए
　　　　　　　　　　　　　mahilaon ke lie

PARA CABALLEROS　　　पुरूषों के लिए
　　　　　　　　　　　　　purūshon ke lie

Preguntas

¿Dónde?
कहाँ?
kahān?

¿A dónde?
कहाँ जाना है?
kahān jāna hai?

¿De dónde?
कहाँ से?
kahān se?

¿Por qué?
क्यों?
kyon?

¿Con que razón?
किस वजह से?
kis vajah se?

¿Cuándo?
कब?
kab?

¿Cuánto tiempo?
कितना समय लगेगा?
kitana samay lagega?

¿A qué hora?
कितने बजे?
kitane baje?

¿Cuánto?
कितना?
kitana?

¿Tiene ...?
क्या आपके पास ... है?
kya āpake pās ... hai?

¿Dónde está ...?
... कहाँ है?
... kahān hai?

¿Qué hora es?
क्या बजा है?
kya baja hai?

¿Puedo llamar, por favor?
क्या मैं एक फ़ोन कर सकता /सकती/ हूँ?
kya main ek fon kar sakata /sakatī/ hūn?

¿Quién es?
कौन है?
kaun hai?

¿Se puede fumar aquí?
क्या मैं यहाँ सिगरेट पी सकता /सकती/ हूँ?
kya main yahān sigaret pī sakata /sakatī/ hūn?

¿Puedo ...?
क्या मैं ... सकता /सकती/ हूँ?
kya main ... sakata /sakatī/ hūn?

Necesidades

Quisiera …
मुझे ... चाहिए।
mujhe ... chāhie.

No quiero …
मुझे ... नहीं चाहिए।
mujhe ... nahin chāhie.

Tengo sed.
मुझे प्यास लगी है।
mujhe pyās lagī hai.

Tengo sueño.
मैं सोना चाहता /चाहती/ हूँ।
main sona chāhata /chāhatī/ hūn.

Quiero …
मैं ... चाहता /चाहती/ हूँ।
main ... chāhata /chāhatī/ hūn.

lavarme
हाथ-मुँह धोना
hāth-munh dhona

cepillarme los dientes
दाँत ब्रश करना
dānt brash karana

descansar un momento
कुछ समय आराम करना
kuchh samay ārām karana

cambiarme de ropa
कपड़े बदलना
kapare badalana

volver al hotel
होटल वापस जाना
hotal vāpas jāna

comprar …
... खरीदना
... kharīdana

ir a …
... जाना
... jāna

visitar …
... जाना
... jāna

quedar con …
... से मिलने जाना
... se milane jāna

hacer una llamada
फ़ोन करना
fon karana

Estoy cansado /cansada/.
मैं थक गया /गई/ हूँ।
main thak gaya /gaī/ hūn.

Estamos cansados /cansadas/.
हम थक गए हैं।
ham thak gae hain.

Tengo frío.
मुझे सर्दी लग रही है।
mujhe sardī lag rahī hai.

Tengo calor.
मुझे गर्मी लग रही है।
mujhe garmī lag rahī hai.

Estoy bien.
मैं ठीक हूँ।
main thīk hūn.

Tengo que hacer una llamada.

मुझे फ़ोन करना है।
mujhe fon karana hai.

Necesito ir al servicio.

मुझे शौचालय जाना है।
mujhe shauchālay jāna hai.

Me tengo que ir.

मुझे जाना है।
mujhe jāna hoga.

Me tengo que ir ahora.

मुझे अब जाना होगा।
mujhe ab jāna hoga.

Preguntar por direcciones

Perdone, …
माफ़ कीजिएगा, …
māf kījiega, …

¿Dónde está …?
… कहाँ है?
… kahān hai?

¿Por dónde está …?
… कहाँ पड़ेगा?
… kahān parega?

¿Puede ayudarme, por favor?
क्या आप मेरी मदद करेंगे /करेंगी/, प्लीज़?
kya āp merī madad karenge /karengī/, plīz?

Busco …
मैं … ढूंढ रहा /रही/ हूँ
main … dhūnrh raha /rahī/ hūn.

Busco la salida.
मैं बाहर निकलने का रास्ता ढूंढ रहा /रही/ हूँ
main bāhar nikalane ka rāsta dhūnrh raha /rahī/ hūn.

Voy a …
मैं … जा रहा /रही/ हूँ
main … ja raha /rahī/ hūn.

¿Voy bien por aquí para …?
क्या मैं … जाने के लिए सही रास्ते पर हूँ?
kya main … jāne ke lie sahī rāste par hūn?

¿Está lejos?
क्या वह दूर है?
kya vah dūr hai?

¿Puedo llegar a pie?
क्या मैं वहाँ पैदल जा सकता /सकती/ हूँ?
kya main vahān paidal ja sakata /sakatī/ hūn?

¿Puede mostrarme en el mapa?
क्या आप मुझे नक्शे पर दिखा सकते /सकती/ हैं?
kya āp mujhe nakshe par dikha sakate /sakatī/ hain?

Por favor muestreme dónde estamos.
मुझे दिखाईये कि हम इस वक्त कहाँ हैं
mujhe dikhaīye ki ham is vakt kahān hain.

Aquí
यहाँ
yahān

Allí
वहाँ
vahān

Por aquí
इस तरफ़
is taraf

Gire a la derecha.

दायें मुड़ें
dāyen muren.

Gire a la izquierda.

बायें मुड़ें
bāyen muren.

la primera (segunda, tercera) calle

पहला (दूसरा, तीसरा) मोड़
pahala (dūsara, tīsara) mor

a la derecha

दाईं ओर
daīn or

a la izquierda

बाईं ओर
baīn or

Siga recto.

सीधे जाएं
sīdhe jaen.

Carteles

¡BIENVENIDO!	स्वागत! svāgat!
ENTRADA	प्रवेश pravesh
SALIDA	निकास nikās
EMPUJAR	पुश, धकेलिए push, dhakelie
TIRAR	पुल, खींचिए pul, khīnchie
ABIERTO	खुला khula
CERRADO	बंद band
PARA SEÑORAS	महिलाओं के लिए mahilaon ke lie
PARA CABALLEROS	पुरूषों के लिए purūshon ke lie
CABALLEROS	पुरूष purūsh
SEÑORAS	महिलाएं mahilaen
REBAJAS	छूट chhūt
VENTA	सेल sel
GRATIS	मुफ्त muft
¡NUEVO!	नया! naya!
ATENCIÓN	ध्यान दें! dhyān den!
COMPLETO	कोई कमरा खाली नहीं है koī naukarī nahin hai
RESERVADO	रिज़र्वड rizarvad
ADMINISTRACIÓN	प्रबंधन prabandhan
SÓLO PERSONAL AUTORIZADO	केवल स्टाफ़ keval stāf

CUIDADO CON EL PERRO	कुत्ते से बचकर रहें! kutte se bachakar rahen!
NO FUMAR	नो स्मोकिंग! no smoking!
NO TOCAR	हाथ न लगाएं! hāth na lagaen!

PELIGROSO	खतरनाक khataranāk
PELIGRO	खतरा khatara
ALTA TENSIÓN	हाई वोल्टेज haī voltej
PROHIBIDO BAÑARSE	स्वीमिंग की अनुमति नहीं है! svīming kī anumati nahin hai!

FUERA DE SERVICIO	ख़राब है kharāb hai
INFLAMABLE	ज्वलनशील jvalanashīl
PROHIBIDO	मनाही manāhī
PROHIBIDO EL PASO	प्रवेश निषेध! yahān āne kī sakht manāhī hai!
RECIÉN PINTADO	गीला पेंट gīla pent

CERRADO POR RENOVACIÓN	मरम्मत के लिए बंद marammat ke lie band
EN OBRAS	आगे कार्य प्रगित पर है āge kāry pragit par hai
DESVÍO	डीटूर dītūr

Transporte. Frases generales

el avión	हवाई जहाज़ havaī jahāz
el tren	रेलगाड़ी, ट्रेन relagāṛī, tren
el bus	बस bas
el ferry	फेरी ferī
el taxi	टैक्सी taiksī
el coche	कार kār

el horario	शिड्यूल shidyūl
¿Dónde puedo ver el horario?	मैं शिड्यूल कहां देख सकता /सकती/ हूं? main shidyūl kahān dekh sakata /sakatī/ hūn?
días laborables	कार्यदिवस kāryadivas
fines de semana	सप्ताहांत saptāhānt
días festivos	छुट्टियां chhuttiyān

SALIDA	प्रस्थान prasthān
LLEGADA	आगमन āgaman
RETRASADO	देरी derī
CANCELADO	रद्द radd

siguiente (tren, etc.)	अगला agala
primero	पहला pahala
último	अंतिम antim

¿Cuándo pasa el siguiente …?	अगला ... कब है? agala ... kab hai?
¿Cuándo pasa el primer …?	पहला ... कब है? pahala ... kab hai?
¿Cuándo pasa el último …?	अंतिम ... कब है? antim ... kab hai?

el trasbordo (cambio de trenes, etc.)	ट्रेन बदलना tren badalana
hacer un trasbordo	ट्रेन कैसे बदलें tren kaise badalen
¿Tengo que hacer un trasbordo?	क्या मुझे ट्रेन बदलनी पड़गी? kya mujhe tren badalanī paragī?

Comprar billetes

¿Dónde puedo comprar un billete?
मैं टिकटें कुहाँ खरीद सकता /सकती/ हूँ?
main tikaten kahān kharīd sakata /sakatī/ hūn?

el billete
टिकट
tikat

comprar un billete
टिकट खरीदना
tikat kharīdana

precio del billete
टिकट का दाम
tikat ka dām

¿Para dónde?
कहाँ जाना है?
kahān jāna hai?

¿A qué estación?
कौन-से स्टेशन के लिए?
kaun-se steshan ke lie?

Necesito …
मुझे … चाहिए
mujhe … chāhie.

un billete
एक टिकट
ek tikat

dos billetes
दो टिकट
do tikat

tres billetes
तीन टिकट
tīn tikat

sólo ida
एक तरफ़
ek taraf

ida y vuelta
राउंड ट्रिप
raund trip

en primera (primera clase)
फ़र्स्ट क्लास
farst klās

en segunda (segunda clase)
सेकेंड क्लास
sekend klās

hoy
आज
āj

mañana
कल
kal

pasado mañana
कल के बाद वाला दिन
kal ke bād vāla din

por la mañana
सुबह में
subah men

por la tarde
दोपहर में
dopahar men

por la noche
शाम में
shām men

asiento de pasillo

आयल सीट
āyal sīt

asiento de ventanilla

खिड़की वाली सीट
khirakī vālī sīt

¿Cuánto cuesta?

कितना?
kitana?

¿Puedo pagar con tarjeta?

क्या मैं क्रेडिट कार्ड से पे कर
सकता /सकती/ हूँ?
kya main kredit kārd se pe kar
sakata /sakatī/ hūn?

Autobús

el autobús	बस bas
el autobús interurbano	अंतरराज्यीय बस antararājyīy bas
la parada de autobús	बस-स्टॉप bas-stop
¿Dónde está la parada de autobuses más cercana?	सबसे करीबी बस-स्टॉप कहाँ है? sabase karībī bas-stop kahān hai?

número	नंबर nambar
¿Qué autobús tengo que tomar para ...?	... जाने के लिए कौन-सी बस लेनी होगी? ... jāne ke lie kaun-sī bas lenī hogī?
¿Este autobús va a ...?	क्या यह बस ... जाती है? kya yah bas ... jātī hai?
¿Cada cuanto pasa el autobús?	बसें कितनी जल्दी-जल्दी आती हैं? basen kitanī jaldī-jaldī ātī hain?

cada 15 minutos	हर पंद्रह मिनट har pandrah minat
cada media hora	हर आधा घंटा har ādha ghanta
cada hora	हर घंटा har ghanta
varias veces al día	दिन में कई बार din men kaī bār
... veces al día	दिन में ... बार din men ... bār

el horario	शिड्यूल shidyūl
¿Dónde puedo ver el horario?	मैं शिड्यूल कहाँ देख सकता /सकती/ हूँ? main shidyūl kahān dekh sakata /sakatī/ hūn?
¿Cuándo pasa el siguiente autobús?	अगली बस कब है? agalī bas kab hai?
¿Cuándo pasa el primer autobús?	पहली बस कब है? pahalī bas kab hai?
¿Cuándo pasa el último autobús?	आखिरी बस कब है? ākhirī bas kab hai?

la parada

स्टॉप
stop

la siguiente parada

अगला स्टॉप
agala stop

la última parada

आखिरी स्टॉप
ākhirī stop

Pare aquí, por favor.

रोक दें, प्लीज़।
yahān roken, plīz.

Perdone, esta es mi parada.

माफ़ कीजिएगा, यह मेरा स्टॉप है।
māf kījiega, yah mera stop hai.

Tren

el tren	रेलगाड़ी, ट्रेन relagāṛī, tren
el tren de cercanías	लोकल ट्रेन lokal tren
el tren de larga distancia	लंबी दूरी की ट्रेन lambī dūrī kī tren
la estación de tren	ट्रेन स्टेशन tren steshan
Perdone, ¿dónde está la salida al anden?	माफ़ कीजिएगा, प्लेटफॉर्म से निकलने का रास्ता कहाँ है? māf kījiega, pletaform se nikalane ka rāsta kahān hai?
¿Este tren va a ...?	क्या यह ट्रेन ... जाती है? kya yah tren ... jātī hai?
el siguiente tren	अगली ट्रेन agalī tren
¿Cuándo pasa el siguiente tren?	अगली ट्रेन कब है? agalī tren kab hai?
¿Dónde puedo ver el horario?	मैं शिड्यूल कहाँ देख सकता /सकती/ हूँ? main shidyūl kahān dekh sakata /sakatī/ hūn?
¿De qué andén?	कौन-से प्लेटफॉर्म से? kaun-se pletaform se?
¿Cuándo llega el tren a ...?	... में ट्रेन कब पहुंचती है? ... men tren kab pahunchatī hai?
Ayudeme, por favor.	कृपया मेरी मदद करें kṛpaya merī madad karen.
Busco mi asiento.	मैं अपनी सीट ढूंढ रहा /रही/ हूँ main apanī sīt dhūnrh raha /rahī/ hūn.
Buscamos nuestros asientos.	हम अपनी सीट ढूंढ रहे हैं ham apanī sīt dhūnrh rahe hain.
Mi asiento está ocupado.	मेरी सीट पर कोई और बैठा है merī sīt par koī aur baitha hai.
Nuestros asientos están ocupados.	हमारी सीटों पर कोई और बैठा है hamārī sīton par koī aur baitha hai.
Perdone, pero ese es mi asiento.	माफ़ कीजिएगा, लेकिन यह मेरी सीट है māf kījiega, lekin yah merī sīt hai.

¿Está libre?

क्या इस सीट पर कोई बैठा है?
kya is sīt par koī baitha hai?

¿Puedo sentarme aquí?

क्या मैं यहाँ बैठ सकता
/सकती/ हूँ?
kya main yāhān baith sakata
/sakatī/ hūn?

En el tren. Diálogo (Sin billete)

Su billete, por favor.	टिकट, कृपया। tikat, krpaya.
No tengo billete.	मेरे पास टिकट नहीं है। mere pās tikat nahin hai.
He perdido mi billete.	मेरा टिकट खो गया। mera tikat kho gaya.
He olvidado mi billete en casa.	मैं अपना टिकट घर पर भूल गया /गई/। main apana tikat ghar par bhūl gaya /gaī/.

Le puedo vender un billete.	आप मुझे एक टिकट दे दें। āp mujhe ek tikat de den.
También deberá pagar una multa.	आपको फाइन भी भरना होगा। āpako fain bhī bharana hoga.
Vale.	ठीक है। thīk hai.
¿A dónde va usted?	आप कहाँ जा रहे /रही/ हैं? āp kahān ja rahe /rahī/ hain?
Voy a ...	मैं ... जा रहा /रही/ हूँ। main ... ja raha /rahī/ hūn.

¿Cuánto es? No lo entiendo.	कितना? मैं समझी /समझी/ नहीं। kitana? main samajhī /samajhī/ nahin.
Escríbalo, por favor.	इसे लिख दीजिए, प्लीज़। ise likh dījie, plīz.
Vale. ¿Puedo pagar con tarjeta?	ठीक है क्या मैं क्रेडिट कार्ड से पे कर सकता /सकती/ हूँ? thīk hai. kya main kredit kārd se pe kar sakata /sakatī/ hūn?
Sí, puede.	हाँ, आप कर सकते हैं। hān, āp kar sakate hain.

Aquí está su recibo.	यह रही आपकी रसीद। yah rahī āpakī rasīd.
Disculpe por la multa.	फाइन के बारे में माफ़ कीजिएगा। fain ke bāre men māf kījiega.
No pasa nada. Fue culpa mía.	कोई बात नहीं। वह मेरी गलती थी। koī bāt nahin. vah merī galatī thī.
Disfrute su viaje.	अपनी यात्रा का आनंद लें। apanī yātra ka ānand len.

Taxi

taxi	टैक्सी taiksī
taxista	टैक्सी चलाने वाला taiksī chalāne vāla
coger un taxi	टैक्सी पकड़ना taiksī pakarana
parada de taxis	टैक्सी स्टैंड taiksī staind
¿Dónde puedo coger un taxi?	मुझे टैक्सी कहां मिलेगी? mujhe taiksī kahān milegī?
llamar a un taxi	टैक्सी बुलाना taiksī bulāna
Necesito un taxi.	मुझे टैक्सी चाहिए। mujhe taiksī chāhie.
Ahora mismo.	अभी। abhī.
¿Cuál es su dirección?	आपका पता क्या है? āpaka pata kya hai?
Mi dirección es ...	मेरा पता है ... mera pata hai ...
¿Cuál es el destino?	आपको कहाँ जाना है? āpako kahān jāna hai?

Perdone, ...	माफ़ कीजिएगा, ... māf kījiega, ...
¿Está libre?	क्या टैक्सी खाली है? kya taiksī khālī hai?
¿Cuánto cuesta ir a ...?	... जाने के लिए कितना लगेगा? ... jāne ke lie kitana lagega?
¿Sabe usted dónde está?	क्या आपको पता है वह कहाँ है? kya āpako pata hai vah kahān hai?

Al aeropuerto, por favor.	एयरपोर्ट, प्लीज़। eyaraport, plīz.
Pare aquí, por favor.	यहाँ रोकें, प्लीज़। rok den, plīz.
No es aquí.	यहाँ नहीं है। yahān nahin hai.
La dirección no es correcta.	यह गलत पता है। yah galat pata hai.
Gire a la izquierda.	बायें मुड़ें। bāyen muren.
Gire a la derecha.	दायें मुड़ें। dāyen muren.

¿Cuánto le debo?

मुझे आपको कितने पैसे देने हैं?
mujhe āpako kitane paise dene hain?

¿Me da un recibo, por favor?

मैं एक रसीद चाहिए, प्लीज़।
main ek rasīd chāhie, plīz.

Quédese con el cambio.

छुट्टे रख लें।
chhutte rakh len.

Espéreme, por favor.

क्या आप मेरा इंतज़ार /करेंगे/ करेंगी?
kya āp mera intazār /karenge/ karengī?

cinco minutos

पाँच मिनट
pānch minat

diez minutos

दस मिनट
das minat

quince minutos

पंद्रह मिनट
pandrah minat

veinte minutos

बीस मिनट
bīs minat

media hora

आधा घंटा
ādhe ghante

Hotel

Hola.
नमस्कार।
namaskār.

Me llamo …
मेरा नाम ... है
mera nām ... hai

Tengo una reserva.
मैंने बुकिंग की थी।
mainne buking kī thī.

Necesito …
मुझे ... चाहिए।
mujhe ... chāhie.

una habitación individual
एक सिंगल कमरा
ek singal kamara

una habitación doble
एक डबल कमरा
ek dabal kamara

¿Cuánto cuesta?
यह कितने का है?
yah kitane ka hai?

Es un poco caro.
यह थोड़ा महंगा है।
yah thora mahanga hai.

¿Tiene alguna más?
क्या आपके पास कुछ और है?
kya āpake pās kuchh aur hai?

Me quedo.
मैं यह ले लूँगा /लूँगी/।
main yah le lūnga /lūngī/.

Pagaré en efectivo.
मैं नकद दूंगा /दूँगी/।
main nakad dūngà /dūngī/.

Tengo un problema.
मुझे एक परेशानी है।
mujhe ek pareshānī hai.

Mi … no funciona.
मेरा ... टूटा हुआ है।
mera ... tūta hua hai.

Mi … está fuera de servicio.
मेरा ... ख़राब है।
mera ... kharāb hai.

televisión
टीवी
tīvī

aire acondicionado
एयरकंडिशनर
eyarakandishanar

grifo
नल
nal

ducha
शॉवर
shovar

lavabo
बेसिन
besin

caja fuerte
तिजोरी
tijorī

cerradura	दरवाज़े का ताला daravāze ka tāla
enchufe	सॉकेट soket
secador de pelo	हेयर ड्रायर heyar drāyar

No tengo …	… नहीं है … nahin hai
agua	पानी pānī
luz	लाइट lait
electricidad	बिजली bijalī

¿Me puede dar …?	… दे सकते /सकती/ हैं? de sakate /sakatī/ hain?
una toalla	तौलिया tauliya
una sábana	कम्बल kambal
unas chanclas	चप्पल chappal
un albornoz	रोब rob
un champú	शैम्पू shaimpū
jabón	साबुन sābun

Quisiera cambiar de habitación.	मुझे अपना कमरा बदलना है। mujhe apana kamara badalana hai.
No puedo encontrar mi llave.	मुझे चाबी नहीं मिल रही है। mujhe chābī nahin mil rahī hai.
Por favor abra mi habitación.	क्या आप मेरा कमरा खोल सकते /सकती/ हैं? kya āp mera kamara khol sakate /sakatī/ hain?
¿Quién es?	कौन है? kaun hai?
¡Entre!	अंदर आ जाओ! andar ā jao!
¡Un momento!	एक मिनट! ek minat!

Ahora no, por favor.	अभी नहीं, प्लीज़। abhī nahin, plīz.
Venga a mi habitación, por favor.	कृपया मेरे कमरे में आईये। krpaya mere kamare men āīye.

Quisiera hacer un pedido.	मैं फूड सर्विस ऑर्डर करना चाहता /चाहती/ हूँ। main fūd sarvis ordar karana chāhata /chāhatī/ hūn.
Mi número de habitación es ...	मेरा कमरा नंबर है ... mera kamara nambar hai ...
Me voy ...	मैं ... जा रहा /रही/ हूँ। main ... ja raha /rahī/ hūn.
Nos vamos ...	हम ... जा रहे हैं। ham ... ja rahe hain.
Ahora mismo	अभी abhī
esta tarde	आज दोपहर āj dopahar
esta noche	आज रात āj rāt
mañana	कल kal
mañana por la mañana	कल सुबह kal subah
mañana por la noche	कल शाम kal shām
pasado mañana	कल के बाद वाला दिन kal ke bād vāla din

Quisiera pagar la cuenta.	मैं भुगतान करना चाहता /चाहती/ हूँ। main bhugatān karana chāhata /chāhatī/ hūn.
Todo ha estado estupendo.	सब कुछ बहुत अच्छा था। sab kuchh bahut achchha tha.
¿Dónde puedo coger un taxi?	मुझे टैक्सी कहां मिलेगी? mujhe taiksī kahān milegī?
¿Puede llamarme un taxi, por favor?	क्या आप मेरे लिए एक टैक्सी बुला देंगे /देंगी/? kya āp mere lie ek taiksī bula denge /dengī/?

Restaurante

¿Puedo ver el menú, por favor?

क्या आप अपना मेनू दिखा सकते हैं,
प्लीज़?
kya āp apana menū dikha sakate hain,
plīz?

Mesa para uno.

एक के लिए टेबल
ek ke lie tebal.

Somos dos (tres, cuatro).

हम दो (तीन, चार) लोग हैं
ham do (tīn, chār) log hain.

Para fumadores

स्मोकिंग
smoking

Para no fumadores

नो स्मोकिंग
no smoking

¡Por favor! (llamar al camarero)

एक्सक्यूज़ मी!
eksakyūz mī!

la carta

मेनू
menū

la carta de vinos

वाइन सूची
vain sūchī

La carta, por favor.

मेनू ले आईये प्लीज़।
menū le āīye plīz.

¿Está listo para pedir?

क्या आप ऑर्डर करने के लिए तैयार हैं?
kya āp ordar karane ke lie taiyār hain?

¿Qué quieren pedir?

आप क्या लेना चाहेंगी /चाहेंगी/?
āp kya lena chāhengī /chāhengī/?

Yo quiero …

मेरे लिए … ले आईए
mere lie ... le āīe.

Soy vegetariano.

मैं शाकाहारी हूँ
main shākāhārī hūn.

carne

माँस
māns

pescado

मछली
machhalī

verduras

सब्ज़ियाँ
sabziyān

¿Tiene platos para vegetarianos?

क्या आपके पास शाकाहारी
पकवान हैं?
kya āpake pās shākāhārī
pakavān hain?

No como cerdo.

मैं सूअर का गोश्त नहीं खाता
/खाती/ हूँ
main sūar ka gosht nahin khāta
/khātī/ hūn.

Él /Ella/ no come carne.

वह माँस नहीं खाता /खाती/ है।
vah māns nahin khāta /khātī/ hai.

Soy alérgico a …

मुझे ... से अलर्जी है।
mujhe ... se alarjī hai.

¿Me puede traer …, por favor?

क्या आप मेरे लिए ... ले आएंगे प्लीज़
kya āp mere lie ... le āenge plīz

sal | pimienta | azúcar

नमक | काली मिर्च | चीनी
namak | kālī mirch | chīnī

café | té | postre

कॉफ़ी | चाय | मीठा
kofī | chāy | mītha

agua | con gas | sin gas

पानी | बुदबुदाने वाला पानी | सादा
pānī | budabudāne vāla pānī | sāda

una cuchara | un tenedor | un cuchillo

एक चम्मच | काँटा | चाकू
ek chammach | kānta | chākū

un plato | una servilleta

एक प्लेट | नैपकिन
ek plet | naipakin

¡Buen provecho!

अपने भोजन का आनंद लें।
apane bhojan ka ānand len!

Uno más, por favor.

एक और चाहिए।
ek aur chāhie.

Estaba delicioso.

वह अत्यंत स्वादिष्ट था।
vah atyant svādisht tha.

---

la cuenta | el cambio | la propina

चेक | छुट्टा | टिप
chek | chhutta | tip

La cuenta, por favor.

चेक प्लीज़।
chek plīz.

¿Puedo pagar con tarjeta?

क्या मैं क्रेडिट कार्ड से पे कर सकता /सकती/ हूँ
kya main kredit kārd se pe kar sakata /sakatī/ hūn?

Perdone, aquí hay un error.

माफ़ कीजिएगा, यहाँ कुछ गलती है।
māf kījiega, yahān kuchh galatī hai.

De Compras

¿Puedo ayudarle?

क्या मैं आपकी मदद कर सकता /सकती/ हूँ?
kya main āpakī madad kar sakata /sakatī/ hūn?

¿Tiene …?

क्या आपके पास ... है?
kya āpake pās ... hai?

Busco …

मैं ... ढूंढ रहा /रही/ हूँ।
main ... dhūnrh raha /rahī/ hūn.

Necesito …

मुझे ... चाहिए।
mujhe ... chāhie.

Sólo estoy mirando.

मैं बस देख रहा /रही/ हूँ।
main bas dekh raha /rahī/ hūn.

Sólo estamos mirando.

हम बस देख रहे हैं।
ham bas dekh rahe hain.

Volveré más tarde.

मैं बाद में वापिस आता /आती/ हूँ।
main bād men vāpis āta /ātī/ hūn.

Volveremos más tarde.

हम बाद में वापिस आते हैं।
ham bād men vāpis āte hain.

descuentos | oferta

छूट | सेल
chhūt | sel

Por favor, enséñeme …

क्या आप मुझे ... दिखाएंगे /दिखाएंगी/।
kya āp mujhe ... dikhaenge /dikhaengī/.

¿Me puede dar …, por favor?

क्या आप मुझे ... देंगे /देंगी/।
kya āp mujhe ... denge /dengī/.

¿Puedo probarmelo?

क्या मैं इसे पहनकर देख सकता /सकती/ हूँ?
kya main ise pahanakar dekh sakata /sakatī/ hūn?

Perdone, ¿dónde están los probadores?

माफ़ कीजिएगा, ट्राय रूम कहाँ है?
māf kījiega, trāy rūm kahān hai?

¿Qué color le gustaría?

आपको कौन-सा रंग चाहिए?
āpako kaun-sa rang chāhie?

la talla | el largo

साइज़ | लंबाई
saiz | lambaī

¿Cómo le queda? (¿Está bien?)

यह कैसा फिट होता है?
yah kaisa fit hota hai?

¿Cuánto cuesta esto?

यह कितने का है?
yah kitane ka hai?

Es muy caro.

यह बहुत महंगा है।
yah bahut mahanga hai.

Me lo llevo.

मैं इसे ले लूँगा /लूँगी/।
main ise le lūnga /lūngī/.

Perdone, ¿dónde está la caja?

माफ़ कीजिएगा, पे कहाँ करना है?
māf kījiega, pe kahān karana hai?

¿Pagará en efectivo o con tarjeta?

क्या आप नकद में पे करेंगे या क्रेडिट कार्ड से?
kya āp nakad men pe karenge ya kredit kārd se?

en efectivo | con tarjeta

नकद में | क्रेडिट कार्ड से
nakad men | kredit kārd se

¿Quiere el recibo?

क्या आपको रसीद चाहिए?
kya āpako rasīd chāhie?

Sí, por favor.

हाँ, प्लीज़।
hān, plīz.

No, gracias.

नहीं, ज़रूरत नहीं।
nahin, zarūrat nahin.

Gracias. ¡Que tenga un buen día!

शुक्रिया। आपका दिन शुभ हो!
shukriya. āpaka din shubh ho!

En la ciudad

Perdone, por favor.
माफ़ कीजिएगा, ...
māf kījiega, ...

Busco …
मैं ... ढूंढ रहा /रही/ हूँ
main ... dhūnrh raha /rahī/ hūn.

el metro
मेट्रो
metro

mi hotel
अपना होटल
apana hotal

el cine
सिनेमा हॉल
sinema hol

una parada de taxis
टैक्सी स्टैंड
taiksī staind

un cajero automático
एटीएम
etīem

una oficina de cambio
मुद्रा विनिमय केंद्र
foran eksachenj ofis

un cibercafé
साइबर कैफ़े
saibar kaife

la calle …
... सड़क
... sarak

este lugar
यह जगह
yah jagah

¿Sabe usted dónde está …?
क्या आपको पता है कि ... कहाँ है?
kya āpako pata hai ki ... kahān hai?

¿Cómo se llama esta calle?
यह कौन-सी सड़क है?
yah kaun-sī sarak hai?

Muestreme dónde estamos ahora.
मुझे दिखाईये कि हम इस वक्त कहाँ हैं
mujhe dikhaīye ki ham is vakt kahān hain.

¿Puedo llegar a pie?
क्या मैं वहाँ पैदल जा सकता /सकती/ हूँ?
kya main vahān paidal ja sakata /sakatī/ hūn?

¿Tiene un mapa de la ciudad?
क्या आपके पास शहर का नक्शा है?
kya āpake pās shahar ka naksha hai?

¿Cuánto cuesta la entrada?
अंदर जाने का टिकट कितने का है?
andar jāne ka tikat kitane ka hai?

¿Se pueden hacer fotos aquí?
क्या मैं यहाँ फोटो खींच सकता /सकती/ हूँ?
kya main yahān foto khīnch sakata /sakatī/ hūn?

¿Está abierto?	क्या यह जगह खुली है? kya yah jagah khulī hai?
¿A qué hora abren?	आप इसे कब खोलते हैं? āp ise kab kholate hain?
¿A qué hora cierran?	आप इसे कब बंद करते हैं? āp ise kab band karate hain?

Dinero

dinero	पैसा paisa
efectivo	नकद nakad
billetes	पेपर मनी pepar manī
monedas	सिक्के sikke
la cuenta | el cambio | la propina	चेक | छुट्टा | टिप chek | chhutta | tip
la tarjeta de crédito	क्रेडिट कार्ड kredit kārd
la cartera	बटुआ batua
comprar	खरीदना kharīdana
pagar	भुगतान करना bhugatān karana
la multa	फाइन fain
gratis	मुफ्त muft
¿Dónde puedo comprar …?	मैं ... कहा खरीद सकता /सकती/ हूँ? main ... kaha kharīd sakata /sakatī/ hūn?
¿Está el banco abierto ahora?	क्या बैंक इस वक्त खुला होगा? kya baink is vakt khula hoga?
¿A qué hora abre?	वह कब खुलता है? vah kab khulata hai?
¿A qué hora cierra?	वह कब बंद होता है? vah kab band hota hai?
¿Cuánto cuesta?	कितना? kitana?
¿Cuánto cuesta esto?	यह कितने का है? yah kitane ka hai?
Es muy caro.	यह बहुत महंगा है। yah bahut mahanga hai.
Perdone, ¿dónde está la caja?	माफ़ कीजिएगा, पे कहाँ करना है? māf kījiega, pe kahān karana hai?

La cuenta, por favor.

चेक, प्लीज़ा
chek, plīz.

¿Puedo pagar con tarjeta?

क्या मैं क्रेडिट कार्ड से पे कर
सकता /सकती/ हूँ?
kya main kredit kārd se pe kar
sakata /sakatī/ hūn?

¿Hay un cajero por aquí?

क्या यहाँ पास में एटीएम है?
kya yahān pās men etīem hai?

Busco un cajero automático.

मैं एटीएम ढूंढ रहा /रही/ हूँ
main etīem dhūnrh raha /rahī/ hūn.

Busco una oficina de cambio.

मैं मुद्रा विनिमय केंद्र ढूंढ रहा
/रही/ हूँ
main mudra vinimay kendr dhūnrh raha
/rahī/ hūn.

Quisiera cambiar …

मैं … बदलना चाहूँगा /चाहूँगी/।
main ... badalana chāhūngā /chāhūngī/.

¿Cuál es el tipo de cambio?

एक्सचेंज रेट क्या है?
eksachenj ret kya hai?

¿Necesita mi pasaporte?

क्या मुझे पासपोर्ट की ज़रूरत है?
kya mujhe pāsaport kī zarūrat hai?

Tiempo

¿Qué hora es?
क्या बजा है?
kya baja hai?

¿Cuándo?
कब?
kab?

¿A qué hora?
कितने बजे?
kitane baje?

ahora | luego | después de …
अभी | बाद में | ... के बाद
abhī | bād men | ... ke bād

la una
एक बजे
ek baje

la una y cuarto
सवा एक बजे
sava ek baje

la una y medio
डेढ़ बजे
derh baje

las dos menos cuarto
पौने दो बजे
paune do baje

una | dos | tres
एक | दो | तीन
ek | do | tīn

cuatro | cinco | seis
चार | पांच | छह
chār | pānch | chhah

siete | ocho | nueve
सात | आठ | नौ
sāt | āth | nau

diez | once | doce
दस | ग्यारह | बारह
das | gyārah | bārah

en …
... में
... men

cinco minutos
पाँच मिनट
pānch minat

diez minutos
दस मिनट
das minat

quince minutos
पंद्रह मिनट
pandrah minat

veinte minutos
बीस मिनट
bīs minat

media hora
आधे घंटे
ādha ghanta

una hora
एक घंटे
ek ghante

por la mañana
सुबह में
subah men

por la mañana temprano	सुबह-सेवरे subah-sevare
esta mañana	इस सुबह is subah
mañana por la mañana	कल सुबह kal subah
al mediodía	दोपहर में dopahar men
por la tarde	दोपहर में dopahar men
por la noche	शाम में shām men
esta noche	आज रात āj rāt
por la noche	रात को rāt ko
ayer	कल kal
hoy	आज āj
mañana	कल kal
pasado mañana	कल के बाद वाला दिन kal ke bād vāla din
¿Qué día es hoy?	आज कौन-सा दिन है? āj kaun-sa din hai?
Es ...	आज ... है। āj ... hai.
lunes	सोमवार somavār
martes	मंगलवार mangalavār
miércoles	बुधवार budhavār
jueves	गुरुवार guruvār
viernes	शुक्रवार shukravār
sábado	शनिवार shanivār
domingo	रविवार ravivār

Saludos. Presentaciones.

Hola.

नमस्कार
namaskār.

Encantado /Encantada/ de conocerle.

आपसे मिलकर ख़ुशी हुई
āpase milakar khushī huī.

Yo también.

मुझे भी
mujhe bhī.

Le presento a …

मैं आपको … से मिलाना चाहूँगा
/चाहूँगी/
main āpako … se milāna chāhūnga
/chāhūngī/.

Encantado.

आपसे मिलकर अच्छा लगा
āpase milakar achchha laga.

¿Cómo está?

आप कैसे /कैसी/ हैं?
āp kaise /kaisī/ hain?

Me llamo …

मेरा नाम … है
mera nām … hai.

Se llama …

इसका नाम … है
isaka nām … hai.

Se llama …

इसका नाम … है
isaka nām … hai.

¿Cómo se llama (usted)?

आपका क्या नाम है?
āpaka kya nām hai?

¿Cómo se llama (él)?

इसका क्या नाम है?
isaka kya nām hai?

¿Cómo se llama (ella)?

इसका क्या नाम है?
isaka kya nām hai?

¿Cuál es su apellido?

आपका आख़िरी नाम क्या है?
āpaka ākhirī nām kya hai?

Puede llamarme …

आप मुझे … बुला सकते /सकती/ हैं
āp mujhe … bula sakate /sakatī/ hain.

¿De dónde es usted?

आप कहाँ से हैं?
āp kahān se hain?

Yo soy de ….

मैं … हूँ
main … hūn.

¿A qué se dedica?

आप क्या काम करते /करती/ हैं?
āp kya kām karate /karatī/ hain?

¿Quién es?

यह कौन है?
yah kaun hai?

¿Quién es él?

यह कौन है?
yah kaun hai?

¿Quién es ella?	यह कौन है? yah kaun hai?
¿Quiénes son?	ये कौन हैं? ye kaun hain?

Este es …	यह ... है। yah ... hai.
mi amigo	मेरा दोस्त mera dost
mi amiga	मेरी सहेली merī sahelī
mi marido	मेरे पति mere pati
mi mujer	मेरी पत्नी merī patnī

mi padre	मेरे पिता mere pita
mi madre	मेरी माँ merī mān
mi hermano	मेरे भाई mere bhaī
mi hermana	मेरी बहन merī bahan
mi hijo	मेरा बेटा mera beta
mi hija	मेरी बेटी merī betī

Este es nuestro hijo.	यह मेरा बेटा है। yah mera beta hai.
Esta es nuestra hija.	यह मेरी बेटी है। yah merī betī hai.
Estos son mis hijos.	ये मेरे बच्चे हैं। ye mere bachche hain.
Estos son nuestros hijos.	ये हमारे बच्चे हैं। ye hamāre bachche hain.

Despedidas

¡Adiós!	अलविदा! alavida!
¡Chau!	बाय! bāy!
Hasta mañana.	कल मिलते हैं kal milate hain.
Hasta pronto.	जल्दी मिलते हैं jaldī milate hain.
Te veo a las siete.	सात बजे मिलते हैं sāt baje milate hain.
¡Que se diviertan!	मज़े करो! maze karo!
Hablamos más tarde.	बाद में बात करते हैं bād men bāt karate hain.
Que tengas un buen fin de semana.	तुम्हारा समाहांत शुभ रहे tumhāra saptāhānt shubh rahe.
Buenas noches.	शुभ रात्रि shubh rātri.
Es hora de irme.	मेरे जाने का वक्त हो गया है mere jāne ka vakt ho gaya hai.
Tengo que irme.	मुझे जाना होगा mujhe jāna hai.
Ahora vuelvo.	मैं अभी वापिस आता /आती/ हूँ main abhī vāpis āta /ātī/ hūn.
Es tarde.	देर हो गई है der ho gaī hai.
Tengo que levantarme temprano.	मुझे जल्दी उठना है mujhe jaldī uthana hai.
Me voy mañana.	मैं कल जाने वाला /वाली/ हूँ main kal jāne vāla /vālī/ hūn.
Nos vamos mañana.	हम कल जाने वाले हैं ham kal jāne vāle hain.
¡Que tenga un buen viaje!	आपकी यात्रा शानदार हो! āpakī yātra shānadār ho!
Ha sido un placer.	आपसे मिलकर अच्छा लगा āpase milakar achchha laga.
Fue un placer hablar con usted.	आपसे बातें करके अच्छा लगा āpase bāten karake achchha laga.
Gracias por todo.	हर चीज़ के लिए शुक्रिया har chīz ke lie shukriya.

Lo he pasado muy bien.

मैंने बहुत अच्छा वक्त बिताया।
mainne bahut achchha vakt bitāya.

Lo pasamos muy bien.

हमने बहुत अच्छा वक्त बिताया।
hamane bahut achchha vakt bitāya.

Fue genial.

बहुत मज़ा आया।
bahut maza āya.

Le voy a echar de menos.

मुझे तुम्हारी याद आएगी।
mujhe tumhārī yād āegī.

Le vamos a echar de menos.

हमें आपकी याद आएगी।
hamen āpakī yād āegī.

¡Suerte!

गुड लक!
gud lak!

Saludos a …

... को नमस्ते बोलना।
... ko namaste bolana.

Idioma extranjero

No entiendo.	मुझे समझ नहीं आया। mujhe samajh nahin āya.
Escríbalo, por favor.	इसे लिख दीजिए, प्लीज़। ise likh dījie, plīz.
¿Habla usted ...?	क्या आप ... बोलते /बोलती/ हैं? kya āp ... bolate /bolatī/ hain?
Hablo un poco de ...	मैं थोड़ा-बहुत ... बोल सकता /सकती/ हूँ। main thora-bahut ... bol sakata /sakatī/ hūn.
inglés	अंग्रेज़ी angrezī
turco	तुर्की turkī
árabe	अरबी arabī
francés	फ़्रांसिसी frānsisī
alemán	जर्मन jarman
italiano	इतालवी itālavī
español	स्पेनी spenī
portugués	पुर्तगाली purtagālī
chino	चीनी chīnī
japonés	जापानी jāpānī
¿Puede repetirlo, por favor?	क्या आप इसे दोहरा सकते हैं। kya āp ise dohara sakate hain.
Lo entiendo.	मैं समझ गया /गई/। main samajh gaya /gaī/.
No entiendo.	मुझे समझ नहीं आया। mujhe samajh nahin āya.
Hable más despacio, por favor.	कृपया थोड़ा और धीरे बोलिये। kṛpaya thora aur dhīre boliye.

¿Está bien?

क्या यह सही है?
kya yah sahī hai?

¿Qué es esto? (¿Que significa esto?)

यह क्या है?
yah kya hai?

Disculpas

Perdone, por favor.	मुझे माफ़ करना। mujhe māf karana.
Lo siento.	मुझे माफ़ कर दो। mujhe māf karana.
Lo siento mucho.	मैं बहुत शर्मिन्दा हूँ। main bahut sharminda hūn.
Perdón, fue culpa mía.	माफ़ करना, यह मेरी गलती है। māf karana, yah merī galatī hai.
Culpa mía.	मेरी गलती। merī galatī.

¿Puedo …?	क्या मैं ... सकता /सकती/ हूँ? kya main ... sakata /sakatī/ hūn?
¿Le molesta si …?	क्या मैं ... सकता /सकती/ हूँ? kya main ... sakata /sakatī/ hūn?
¡No hay problema! (No pasa nada.)	कोई बात नहीं। koī bāt nahin.
Todo está bien.	सब कुछ ठीक है। sab kuchh thīk hai.
No se preocupe.	फिक्र मत करो। fikr mat karo.

Acuerdos

Sí. | हाँ
hān.

Sí, claro. | हाँ, बिल्कुल।
hān, bilkul.

Bien. | ओके! बढ़िया!
oke! barhiya!

Muy bien. | ठीक है।
thīk hai.

¡Claro que sí! | बिल्कुल!
bilkul!

Estoy de acuerdo. | मैं सहमत हूँ।
main sahamat hūn.

Es verdad. | यह सही है।
yah sahī hai.

Es correcto. | यह ठीक है।
yah thīk hai.

Tiene razón. | आप सही हैं।
āp sahī hain.

No me molesta. | मुझे बुरा नहीं लगेगा।
mujhe bura nahin lagega.

Es completamente cierto. | बिल्कुल सही।
bilkul sahī.

Es posible. | हो सकता है।
ho sakata hai.

Es una buena idea. | यह अच्छा विचार है।
yah achchha vichār hai.

No puedo decir que no. | मैं नहीं नहीं बोल सकता
/सकती/ हूँ।
main nahin nahin bol sakata
/sakatī/ hūn.

Estaré encantado /encantada/. | मुझे ख़ुश होगी।
mujhe khush hogī.

Será un placer. | ख़ुशी से।
khushī se.

Rechazo. Expresar duda

No.

नहीं।
nahin.

Claro que no.

बिल्कुल नहीं।
bilkul nahin.

No estoy de acuerdo.

मैं सहमत नहीं हूँ।
main sahamat nahin hūn.

No lo creo.

मुझे नहीं लगता है।
mujhe nahin lagata hai.

No es verdad.

यह सही नहीं है।
yah sahī nahin hai.

No tiene razón.

आप गलत हैं।
āp galat hain.

Creo que no tiene razón.

मेरे ख़्याल में आप गलत हैं।
mere khyāl men āp galat hain.

No estoy seguro /segura/.

मुझे पक्का नहीं पता है।
mujhe pakka nahin pata hai.

No es posible.

यह मुमकिन नहीं है।
yah mumakin nahin hai.

¡Nada de eso!

ऐसा कुछ नहीं हुआ।
aisa kuchh nahin hua!

Justo lo contrario.

इससे बिल्कुल उलटा।
isase bilkul ulata.

Estoy en contra de ello.

मैं इसके ख़िलाफ़ हूँ।
main isake khilāf hūn.

No me importa. (Me da igual.)

मुझे कोई फर्क नहीं पड़ता।
mujhe koī fark nahin parata.

No tengo ni idea.

मुझे कुछ नहीं पता।
mujhe kuchh nahin pata.

Dudo que sea así.

मुझे इस बात पर शक है।
mujhe is bāt par shak hai.

Lo siento, no puedo.

माफ़ करना, मैं नहीं कर सकता
/सकती/ हूँ।
māf karana, main nahin kar sakata
/sakatī/ hūn.

Lo siento, no quiero.

माफ़ करना, मैं नहीं करना चाहता
/चाहती/ हूँ।
māf karana, main nahin karana chāhata
/chāhatī/ hūn.

Gracias, pero no lo necesito.

शुक्रिया, मगर मुझे इसकी ज़रूरत
नहीं है।
shukriya, magar mujhe isakī zarūrat
nahin hai.

Ya es tarde.

देर हो रही है।
der ho rahī hai.

Tengo que levantarme temprano.

मुझे जल्दी उठना है।
mujhe jaldī uthana hai.

Me encuentro mal.

मेरी तबियत ठीक नहीं है।
merī tabiyat thīk nahin hai.

Expresar gratitud

Gracias.

शुक्रिया।
shukriya.

Muchas gracias.

बहुत बहुत शुक्रिया।
bahut bahut shukriya.

De verdad lo aprecio.

मैं बहुत आभारी हूँ।
main bahut ābhārī hūn.

Se lo agradezco.

मैं बहुत बहुत आभारी हूँ।
main bahut bahut ābhārī hūn.

Se lo agradecemos.

हम बहुत आभारी हैं।
ham bahut ābhārī hain.

Gracias por su tiempo.

आपके वक्त के लिए शुक्रिया।
āpake vakt ke lie shukriya.

Gracias por todo.

हर चीज़ के लिए शुक्रिया।
har chīz ke lie shukriya.

Gracias por ...

... के लिए शुक्रिया।
... ke lie shukriya.

su ayuda

आपकी मदद
āpakī madad

tan agradable momento

अच्छे वक्त
achchhe vakt

una comida estupenda

बढ़िया खाने
barhiya khāne

una velada tan agradable

खुशनुमा शाम
khushanuma shām

un día maravilloso

बढ़िया दिन
barhiya din

un viaje increíble

अद्भुत सफर
adbhut safar

No hay de qué.

शुक्रिया की कोई ज़रूरत नहीं।
shukriya kī koī zarūrat nahin.

De nada.

आपका स्वागत है।
āpaka svāgat hai.

Siempre a su disposición.

कभी भी।
kabhī bhī.

Encantado /Encantada/ de ayudarle.

यह मेरे लिए खुशी की बात है।
yah mere lie khushī kī bāt hai.

No hay de qué.

भूल जाओ।
bhūl jao.

No tiene importancia.

फिक्र मत करो।
fikr mat karo.

Felicitaciones , Mejores Deseos

¡Felicidades!

मुबारक हो!
mubārak ho!

¡Feliz Cumpleaños!

जन्मदिन की बधाई!
janmadin kī badhaī!

¡Feliz Navidad!

बड़ा दिन मुबारक हो!
bara din mubārak ho!

¡Feliz Año Nuevo!

नए साल की बधाई!
nae sāl kī badhaī!

¡Felices Pascuas!

ईस्टर की शुभकामनाएं!
īstar kī shubhakāmanaen!

¡Feliz Hanukkah!

हनुका की बधाईयाँ!
hanuka kī badhaīyān!

Quiero brindar.

मैं एक टोस्ट करना चाहूँगा
/चाहूँगी/।
main ek tost karana chāhūnga
/chāhūngī/.

¡Salud!

चियर्स!
chiyars!

¡Brindemos por …!

... के लिए पीया जाए!
... ke lie pīya jae!

¡A nuestro éxito!

हमारी कामियाबी!
hamārī kāmiyābī!

¡A su éxito!

आपकी कामियाबी!
āpakī kāmiyābī!

¡Suerte!

गुड लक!
gud lak!

¡Que tenga un buen día!

आपका दिन शुभ हो!
āpaka din shubh ho!

¡Que tenga unas buenas vacaciones!

आपकी छुट्टी अच्छी रहे!
āpakī chhuṭṭī achchhī rahe!

¡Que tenga un buen viaje!

आपका सफर सुरक्षित रहे!
āpaka safar surakshit rahe!

¡Espero que se recupere pronto!

मैं उम्मीद करता /करती/ हूँ कि
आप जल्द ही ठीक हो जाएंगे!
main ummīd karata /karatī/ hūn
ki āp jald hī thīk ho jaenge!

Socializarse

¿Por qué está triste?
आप उदास क्यों हैं?
āp udās kyon hain?

¡Sonría! ¡Anímese!
मुस्कुराओ! खुश रहो!
muskurao! khush raho!

¿Está libre esta noche?
क्या आप आज रात फ़्री हैं?
kya āp āj rāt frī hain?

¿Puedo ofrecerle algo de beber?
क्या मैं आपके लिए एक ड्रिंक खरीद
सकता /सकती/ हूँ?
kya main āpake lie ek drink kharīd
sakata /sakatī/ hūn?

¿Querría bailar conmigo?
क्या आप डांस करना चाहेंगी
/चाहेंगी/?
kya āp dāns karana chāhengī
/chāhengī/?

Vamos a ir al cine.
चलिए फ़िल्म देखने चलते हैं।
chalie film dekhane chalate hain.

¿Puedo invitarle a ...?
क्या मैं आपको ... इन्वाइट
कर सकता /सकती/ हूँ?
kya main āpako ... invait
kar sakata /sakatī/ hūn?

un restaurante
रेस्तरां
restarān

el cine
फ़िल्म के लिए
film ke lie

el teatro
थियेटर के लिए
thiyetar ke lie

dar una vuelta
वॉक के लिए
vok ke lie

¿A qué hora?
कितने बजे?
kitane baje?

esta noche
आज रात
āj rāt

a las seis
छह बजे
chhah baje

a las siete
सात बजे
sāt baje

a las ocho
आठ बजे
āth baje

a las nueve
नौ बजे
nau baje

¿Le gusta este lugar?	क्या आपको यहाँ अच्छा लगता है? kya āpako yahān achchha lagata hai?
¿Está aquí con alguien?	क्या आप यहाँ किसी के साथ आए /आई/ हैं? kya āp yahān kisī ke sāth āe /āī/ hain?
Estoy con mi amigo /amiga/.	मैं अपने दोस्त के साथ हूँ। main apane dost ke sāth hūn.
Estoy con amigos.	मैं अपने दोस्तों के साथ हूँ। main apane doston ke sāth hūn.
No, estoy solo /sola/.	नहीं, मैं अकेला /अकेली/ हूँ। nahin, main akela /akelī/ hūn.
¿Tienes novio?	क्या आपका कोई बॉयफ्रेंड है? kya āpaka koī boyafrend hai?
Tengo novio.	मेरा बॉयफ्रेंड है। mera boyafrend hai.
¿Tienes novia?	क्या आपकी कोई गर्लफ्रेंड है? kya āpakī koī garlafrend hai?
Tengo novia.	मेरी एक गर्लफ्रेंड है। merī ek garlafrend hai.
¿Te puedo volver a ver?	क्या आपसे फिर मिल सकता /सकती/ हूँ? kya āpase fir mil sakata /sakatī/ hūn?
¿Te puedo llamar?	क्या मैं आपको कॉल कर सकता /सकती/ हूँ? kya main āpako kol kar sakata /sakatī/ hūn?
Llámame.	मुझे कॉल करना। mujhe kol karana.
¿Cuál es tu número?	आपका नंबर क्या है? āpaka nambar kya hai?
Te echo de menos.	मुझे तुम्हारी याद आ रही है। mujhe tumhārī yād ā rahī hai.
¡Qué nombre tan bonito!	आपका नाम बहुत खूबसूरत है। āpaka nām bahut khūbasūrat hai.
Te quiero.	मैं तुमसे प्यार करता /करती/ हूँ। main tumase pyār karata /karatī/ hūn.
¿Te casarías conmigo?	क्या तुम मुझसे शादी करोगे /करोगी/? kya tum mujhase shādī karoge /karogī/?
¡Está de broma!	तुम मज़ाक कर रहे /रही/ हो! tum mazāk kar rahe /rahī/ ho!
Sólo estoy bromeando.	मैं बस मज़ाक कर रहा रही हूँ। main bas mazāk kar raha rahī hūn.
¿En serio?	क्या आप सीरियस हैं? kya āp sīriyas hain?
Lo digo en serio.	मैं सीरियस हूँ। main sīriyas hūn.

¿De verdad?	सच में?! sach men?!
¡Es increíble!	मुझे यकिन नहीं होता! mujhe yakin nahin hota!
No le creo.	मुझे तुम पर यकिन नहीं है। mujhe tum par yakin nahin hai.

No puedo.	मैं नहीं आ सकता /सकती/। main nahin ā sakata /sakatī/.
No lo sé.	मुझे नहीं मालूम। mujhe nahin mālūm.
No le entiendo.	मुझे आपकी बात समझ नहीं आई। mujhe āpakī bāt samajh nahin āī.
Váyase, por favor.	यहाँ से चले जाईये। yahān se chale jaīye.
¡Déjeme en paz!	मुझे अकेला छोड़ दो! mujhe akela chhor do!

Es inaguantable.	मैं उसे बर्दाश्त नहीं कर सकता /सकती/ हूँ। main use bardāsht nahin kar sakata /sakatī/ hūn.
¡Es un asqueroso!	तुमसे घिन्न आती है! tumase ghinn ātī hai!
¡Llamaré a la policía!	मैं पुलिस बुला लूँगा /लूँगी/! main pulis bula lūnga /lūngī/!

Compartir impresiones. Emociones

Me gusta.

मुझे यह पसंद है।
mujhe yah pasand hai.

Muy lindo.

बहुत अच्छा।
bahut achchha.

¡Es genial!

बहुत बढ़िया!
bahut barhiya!

No está mal.

बुरा नहीं है।
bura nahin hai.

No me gusta.

मुझे यह पसंद नहीं है।
mujhe yah pasand nahin hai.

No está bien.

यह अच्छा नहीं है।
yah achchha nahin hai.

Está mal.

यह बुरा है।
yah bura hai.

Está muy mal.

यह बहुत बुरा है।
yah bahut bura hai.

¡Qué asco!

यह घिनौना है।
yah ghinauna hai.

Estoy feliz.

मैं खुश हूँ।
main khush hūn.

Estoy contento /contenta/.

मैं संतुष्ट हूँ।
main santusht hūn.

Estoy enamorado /enamorada/.

मुझे प्यार हो गया है।
mujhe pyār ho gaya hai.

Estoy tranquilo.

मैं शांत हूँ।
main shānt hūn.

Estoy aburrido.

मुझे बोरियत हो रही है।
mujhe boriyat ho rahī hai.

Estoy cansado /cansada/.

मैं थक गया /गई/ हूँ।
main thak gaya /gaī/ hūn.

Estoy triste.

मैं दुखी हूँ।
main dukhī hūn.

Estoy asustado.

मुझे डर लग रहा हैं।
mujhe dar lag raha hain.

Estoy enfadado /enfadada/.

मुझे गुस्सा आ रहा है।
mujhe gussa ā raha hai.

Estoy preocupado /preocupada/.

मैं परेशान हूँ।
main pareshān hūn.

Estoy nervioso /nerviosa/.

मुझे घवराहट हो रही है।
mujhe ghavarāhat ho rahī hai.

Estoy celoso /celosa/.

मुझे जलन हो रही है।
mujhe jalan ho rahī hai.

Estoy sorprendido /sorprendida/.

मुझे हैरानी हो रही है।
mujhe hairānī ho rahī hai.

Estoy perplejo /perpleja/.

मुझे समझ नहीं आ रहा है।
mujhe samajh nahin ā raha hai.

Problemas, Accidentes

Tengo un problema.	मुझे एक परेशानी है। mujhe ek pareshānī hai.
Tenemos un problema.	हमें परेशानी है। hamen pareshānī hai.
Estoy perdido /perdida/.	मैं खो गया /गई/ हूँ। main kho gaya /gaī/ hūn.
Perdí el último autobús (tren).	मुझसे आखिरी बस छूट गई। mujhase ākhirī bas chhūt gaī.
No me queda más dinero.	मेरे पास पैसे नहीं बचे। mere pās paise nahin bache.

He perdido …	मेरा ... खो गया है। mera ... kho gaya hai.
Me han robado …	किसी ने मेरा ... चुरा लिया। kisī ne mera ... chura liya.
mi pasaporte	पासपोर्ट pāsaport
mi cartera	बटुआ batua
mis papeles	कागज़ात kāgazāt
mi billete	टिकट tikat

mi dinero	पैसा paisa
mi bolso	पर्स pars
mi cámara	कैमरा kaimara
mi portátil	लैपटॉप laipatop
mi tableta	टैबलेट taibalet
mi teléfono	मोबाइल फ़ोन mobail fon

¡Ayúdeme!	मेरी मदद करो! merī madad karo!
¿Qué pasó?	क्या हुआ? kya hua?
el incendio	आग āg

un tiroteo	गोलियाँ चल रही हैं goliyān chal rahī hain
el asesinato	कत्ल हो गया है katl ho gaya hai
una explosión	विस्फोट हो गया है visfot ho gaya hai
una pelea	लड़ाई हो गई है laraī ho gaī hai

¡Llame a la policía!	पुलिस को बुलाओ! pulis ko bulāo!
¡Más rápido, por favor!	कृपया जल्दी करें! kṛpaya jaldī karen!
Busco la comisaría.	मैं पुलिस थाना ढूँढ रहा /रही/ हूँ। main pulis thāna dhūnrh raha /rahī/ hūn.
Tengo que hacer una llamada.	मुझे फ़ोन करना है। mujhe fon karana hai.
¿Puedo usar su teléfono?	क्या मैं आपका फ़ोन इस्तेमाल कर सकता /सकती/ हूँ? kya main āpaka fon istemāl kar sakata /sakatī/ hūn?

asaltado /asaltada/	मेरा सामान चुरा लिया गया है mera sāmān chura liya gaya hai
robado /robada/	मुझे लूट लिया गया है mujhe lūt liya gaya hai
violada	मेरा बालात्कार किया गया है mera bālātkār kiya gaya hai
atacado /atacada/	मुझे पीटा गया है mujhe pīta gaya hai

¿Se encuentra bien?	क्या आप ठीक हैं? kya āp thīk hain?
¿Ha visto quien a sido?	क्या आपने देखा कौन था? kya āpane dekha kaun tha?
¿Sería capaz de reconocer a la persona?	क्या आप उसे पहचान सकेंगे /सकेंगी/? kya āp use pahachān sakenge /sakengī/?
¿Está usted seguro?	क्या आपको यकीन है? kya āpako yakīn hai?

Por favor, cálmese.	कृपया शांत हो जाएं। kṛpaya shānt ho jaen.
¡Cálmese!	आराम से! ārām se!
¡No se preocupe!	चिंता मत करो! chinta mat karo!
Todo irá bien.	सब ठीक हो जायेगा। sab thīk ho jāyega.
Todo está bien.	सब कुछ ठीक है। sab kuchh thīk hai.

Venga aquí, por favor.

कृपया यहाँ आइये।
krpaya yahān āiye.

Tengo unas preguntas para usted.

मेरे पास तुम्हारे लिए कुछ प्रश्न है।
mere pās tumhāre lie kuchh prashn hai.

Espere un momento, por favor.

कृपया एक क्षण रुके।
krpaya ek kshan ruken.

¿Tiene un documento de identidad?

क्या आपके पास आईडी है?
kya āpake pās āīdī hai?

Gracias. Puede irse ahora.

धन्यवाद। आप अब जा सकते /सकती/ हैं।
dhanyavād. āp ab ja sakate /sakatī/ hain.

¡Manos detrás de la cabeza!

अपने हाथ सिर के पीछे रखें!
apane hāth sir ke pīchhe rakhen!

¡Está arrestado!

आप हिरासत में हैं!
āp hirāsat men hain!

Problemas de salud

Ayudeme, por favor.
कृपया मेरी मदद करें।
krpaya merī madad karen.

No me encuentro bien.
मेरी तबियत ठीक नहीं है
merī tabiyat thīk nahin hai.

Mi marido no se encuentra bien.
मेरे पति को ठीक महसूस नहीं
हो रहा है।
mere pati ko thīk mahasūs nahin
ho raha hai.

Mi hijo …
मेरे बेटे …
mere bete …

Mi padre …
मेरे पिता …
mere pita …

Mi mujer no se encuentra bien.
मेरी पत्नी को ठीक महसूस नहीं
हो रहा है।
merī patnī ko thīk mahasūs nahin
ho raha hai.

Mi hija …
मेरी बेटी …
merī betī …

Mi madre …
मेरी माँ …
merī mān …

la cabeza
मुझे सिरदर्द है।
mujhe siradard hai.

la garganta
मेरा गला ख़राब है।
mera gala kharāb hai.

el estómago
मेरे पेट में दर्द है।
mere pet men dard hai.

un diente
मेरे दाँत में दर्द है।
mere dānt men dard hai.

Estoy mareado.
मुझे चक्कर आ रहा है।
mujhe chakkar ā raha hai.

Él tiene fiebre.
इसे बुखार है।
ise bukhār hai.

Ella tiene fiebre.
इसे बुखार है।
ise bukhār hai.

No puedo respirar.
मैं साँस नहीं ले पा रहा /रही/ हूँ।
main sāns nahin le pa raha /rahī/ hūn.

Me ahogo.
मेरी साँस फूल रही है।
merī sāns fūl rahī hai.

Tengo asma.
मुझे दमा है।
mujhe dama hai.

Tengo diabetes. | मैं मधुमेह का /की/ रोगी हूँ।
main madhumeh ka /kī/ rogī hūn.

No puedo dormir. | मैं सो नहीं पा रहा /रही/ हूँ।
main so nahin pa raha /rahī/ hūn.

intoxicación alimentaria | फ़ुड पॉएज़निंग
fūd poezaning

Me duele aquí. | यहाँ दुखता हैं।
yahān dukhata hain.

¡Ayúdeme! | मेरी मदद करो!
merī madad karo!

¡Estoy aquí! | मैं यहाँ हूँ!
main yahān hūn!

¡Estamos aquí! | हम यहाँ हैं!
ham yahān hain!

¡Saquenme de aquí! | मुझे यहां से बाहर निकालो!
mujhe yahān se bāhar nikālo!

Necesito un médico. | मुझे एक डॉक्टर की ज़रुरत है।
mujhe ek doktar kī zarurat hai.

No me puedo mover. | मैं हिल नहीं सकता /सकती/ हूँ।
main hil nahin sakata /sakatī/ hūn.

No puedo mover mis piernas. | मैं अपने पैरों को नहीं हिला
पा रहा /रही/ हूँ।
main apane pairon ko nahin hila
pa raha /rahī/ hūn.

Tengo una herida. | मुझे चोट लगी है।
mujhe chot lagī hai.

¿Es grave? | क्या यह गंभीर है?
kya yah gambhīr hai?

Mis documentos están en mi bolsillo. | मेरे दस्तावेज़ मेरी जेब में हैं।
mere dastāvez merī jeb men hain.

¡Cálmese! | शांत हो जाओ!
shānt ho jao!

¿Puedo usar su teléfono? | क्या मैं आपका फ़ोन इस्तेमाल
कर सकता /सकती/ हूँ?
kya main āpaka fon istemāl
kar sakata /sakatī/ hūn?

¡Llame a una ambulancia! | एम्बुलेन्स बुलाओ!
embulens bulao!

¡Es urgente! | बहुत ज़रूरी है!
bahut zarūrī hai!

¡Es una emergencia! | यह एक आपातकाल है।
yah ek āpātakāl hai!

¡Más rápido, por favor! | कृपया जल्दी करें!
krpaya jaldī karen!

¿Puede llamar a un médico, por favor? | क्या आप डॉक्टर को बुला देंगे /देंगी/?
kya āp doktar ko bula denge /dengī/?

¿Dónde está el hospital? | अस्पताल कहाँ है?
aspatāl kahān hai?

¿Cómo se siente?

आप कैसा महसूस कर रहे /रही/ हैं?
āp kaisa mahasūs kar rahe /rahī/ hain?

¿Se encuentra bien?

क्या आप ठीक हैं?
kya āp thīk hain?

¿Qué pasó?

क्या हुआ?
kya hūa?

Me encuentro mejor.

मैं अब ठीक हूँ।
main ab thīk hūn.

Está bien.

सब ठीक है।
sab thīk hai.

Todo está bien.

सब कुछ ठीक है।
sab kuchh thīk hai.

En la farmacia

la farmacia	दवा की दुकान dava kī dukān
la farmacia 24 horas	चौबीस घंटे खुलने वाली दवा की दुकान chaubīs ghante khulane vālī dava kī dukān
¿Dónde está la farmacia más cercana?	सबसे करीबी दवा की दुकान कहाँ है? sabase karībī dava kī dukān kahān hai?
¿Está abierta ahora?	क्या वह अभी खुली है? kya vah abhī khulī hai?
¿A qué hora abre?	वह कितने बजे खुलती है? vah kitane baje khulatī hai?
¿A qué hora cierra?	वह कितने बजे बंद होती है? vah kitane baje band hotī hai?
¿Está lejos?	क्या वह दूर है? kya vah dūr hai?
¿Puedo llegar a pie?	क्या मैं वहाँ पैदल जा सकता /सकती/ हूँ? kya main vahān paidal ja sakata /sakatī/ hūn?
¿Puede mostrarme en el mapa?	क्या आप मुझे नक्शे पर दिखा सकते /सकती/ हैं? kya āp mujhe nakshe par dikha sakate /sakatī/ hain?
Por favor, deme algo para …	मुझे ... के लिए कुछ दे दें। mujhe ... ke lie kuchh de den.
un dolor de cabeza	सिरदर्द siradard
la tos	खाँसी khānsī
el resfriado	जुकाम zukām
la gripe	जुकाम-बुखार zukām-bukhār
la fiebre	बुखार bukhār
un dolor de estomago	पेट दर्द pet dard
nauseas	मतली matalī

la diarrea	दस्त dast
el estreñimiento	कब्ज kabz

un dolor de espalda	पीठ दर्द pīth dard
un dolor de pecho	सीने में दर्द sīne men dard
el flato	पेट की माँसपेशी में दर्द pet kī mānsapeshī men dard
un dolor abdominal	पेट दर्द pet dard

la píldora	दवा dava
la crema	मरहम, क्रीम maraham, krīm
el jarabe	सिरप sirap
el spray	स्प्रे spre
las gotas	ड्रॉप drop

Tiene que ir al hospital.	आपको अस्पताल जाना चाहिए। āpako aspatāl jāna chāhie.
el seguro de salud	स्वास्थ्य बीमा svāsthy bīma
la receta	नुस्खा nuskha
el repelente de insectos	कीटरोधक kītarodhak
la curita	बैंड एड baind ed

Lo más imprescindible

Perdone, …

माफ़ कीजिएगा, …
māf kījiega, …

Hola.

नमस्कार।
namaskār.

Gracias.

शुक्रिया।
shukriya.

Sí.

हाँ।
hān.

No.

नहीं।
nahin.

No lo sé.

मुझे नहीं मालूम।
mujhe nahin mālūm.

¿Dónde? | ¿A dónde? | ¿Cuándo?

कहाँ? | कहाँ जाना है? | कब?
kahān? | kahān jāna hai? | kab?

Necesito …

मुझे … चाहिए।
mujhe … chāhie.

Quiero …

मैं … चाहता /चाहती/ हूँ।
main … chāhata /chāhatī/ hūn.

¿Tiene …?

क्या आपके पास … है?
kya āpake pās … hai?

¿Hay … por aquí?

क्या यहाँ … है?
kya yahān … hai?

¿Puedo …?

क्या मैं … सकता /सकती/ हूँ?
kya main … sakata /sakatī/ hūn?

…, por favor? (petición educada)

…, कृपया।
…, krpaya.

Busco …

मैं … ढूंढ रहा /रही/ हूँ।
main … dhūnrh raha /rahī/ hūn.

el servicio

शौचालय
shauchālay

un cajero automático

एटीएम
etīem

una farmacia

दवा की दुकान
dava kī dūkān

el hospital

अस्पताल
aspatāl

la comisaría

पुलिस थाना
pulis thāna

el metro

मेट्रो
metro

un taxi	टैक्सी taiksī
la estación de tren	ट्रेन स्टेशन tren steshan

Me llamo …	मेरा नाम ... है। mera nām ... hai
¿Cómo se llama?	आपका क्या नाम है? āpaka kya nām hai?
¿Puede ayudarme, por favor?	क्या आप मेरी मदद कर सकते /सकती/ है? kya āp merī madad kar sakate /sakatī/ hain?
Tengo un problema.	मुझे एक परेशानी है। mujhe ek pareshānī hai.
Me encuentro mal.	मेरी तबियत ठीक नहीं है। merī tabiyat thīk nahin hai.
¡Llame a una ambulancia!	एम्बुलेन्स बुलाओ! embulens bulao!
¿Puedo llamar, por favor?	क्या मैं एक फ़ोन कर सकता /सकती/ हूँ? kya main ek fon kar sakata /sakatī/ hūn?

Lo siento.	मुझे माफ़ करना। mujhe māf kar do.
De nada.	आपका स्वागत है। āpaka svāgat hai.

Yo	मैं main
tú	तू tū
él	वह vah
ella	वह vah
ellos	वे ve
ellas	वे ve
nosotros /nosotras/	हम ham
ustedes, vosotros	तुम tum
usted	आप āp

ENTRADA	प्रवेश pravesh
SALIDA	निकास nikās

FUERA DE SERVICIO ख़राब है
kharāb hai

CERRADO बंद
band

ABIERTO खुला
khula

PARA SEÑORAS महिलाओं के लिए
mahilaon ke lie

PARA CABALLEROS पुरूषों के लिए
purūshon ke lie

T&P BOOKS

MINI DICCIONARIO

Esta sección contiene 250
palabras útiles necesarias
para la comunicación diaria.
Encontrará ahí los nombres
de los meses y de los días
de la semana.
El diccionario también
contiene temas relevantes
tales como colores, medidas,
familia, y más

T&P Books Publishing

CONTENIDO
DEL DICCIONARIO

T&P Books Publishing

tiempo (m)	वक्त (m)	vakt
hora (f)	घंटा (m)	ghanta
media hora (f)	आधा घंटा	ādha ghanta
minuto (m)	मिनट (m)	minat
segundo (m)	सेकन्ड (m)	sekand
hoy (adv)	आज	āj
mañana (adv)	कल	kal
ayer (adv)	कल	kal
lunes (m)	सोमवार (m)	somavār
martes (m)	मंगलवार (m)	mangalavār
miércoles (m)	बुधवार (m)	budhavār
jueves (m)	गुरूवार (m)	gurūvār
viernes (m)	शुक्रवार (m)	shukravār
sábado (m)	शनिवार (m)	shanivār
domingo (m)	रविवार (m)	ravivār
día (m)	दिन (m)	din
día (m) de trabajo	कार्यदिवस (m)	kāryadivas
día (m) de fiesta	सार्वजनिक छुट्टी (f)	sārvajanik chhuttī
fin (m) de semana	ससाहांत (m)	saptāhānt
semana (f)	हफ़्ता (f)	hafata
semana (f) pasada	पिछले हफ़्ते	pichhale hafate
semana (f) que viene	अगले हफ़्ते	agale hafate
por la mañana	सुबह में	subah men
por la tarde	दोपहर में	dopahar men
por la noche	शाम में	shām men
esta noche (p.ej. 8:00 p.m.)	आज शाम	āj shām
por la noche	रात में	rāt men
medianoche (f)	आधी रात (f)	ādhī rāt
enero (m)	जनवरी (m)	janavarī
febrero (m)	फ़रवरी (m)	faravarī
marzo (m)	मार्च (m)	mārch
abril (m)	अप्रैल (m)	aprail
mayo (m)	माई (m)	maī
junio (m)	जून (m)	jūn
julio (m)	जुलाई (m)	julaī
agosto (m)	अगस्त (m)	agast

septiembre (m)	सितम्बर (m)	sitambar
octubre (m)	अक्तूबर (m)	aktūbar
noviembre (m)	नवम्बर (m)	navambar
diciembre (m)	दिसम्बर (m)	disambar

en primavera	वसन्त में	vasant men
en verano	गरमियों में	garamiyon men
en otoño	शरद में	sharad men
en invierno	सर्दियों में	sardiyon men

mes (m)	महीना (m)	mahīna
estación (f)	मौसम (m)	mausam
año (m)	वर्ष (m)	varsh

2. Números. Los numerales

cero	ज़ीरो	zīro
uno	एक	ek
dos	दो	do
tres	तीन	tīn
cuatro	चार	chār

cinco	पाँच	pānch
seis	छह	chhah
siete	सात	sāt
ocho	आठ	āth
nueve	नौ	nau
diez	दस	das

once	ग्यारह	gyārah
doce	बारह	bārah
trece	तेरह	terah
catorce	चौदह	chaudah
quince	पन्द्रह	pandrah

dieciséis	सोलह	solah
diecisiete	सत्रह	satrah
dieciocho	अठारह	athārah
diecinueve	उन्नीस	unnīs

veinte	बीस	bīs
treinta	तीस	tīs
cuarenta	चालीस	chālīs
cincuenta	पचास	pachās

sesenta	साठ	sāth
setenta	सत्तर	sattar
ochenta	अस्सी	assī
noventa	नब्बे	nabbe
cien	सौ	sau

doscientos	दो सौ	do sau
trescientos	तीन सौ	tīn sau
cuatrocientos	चार सौ	chār sau
quinientos	पाँच सौ	pānch sau
seiscientos	छह सौ	chhah sau
setecientos	सात सो	sāt so
ochocientos	आठ सौ	āth sau
novecientos	नौ सौ	nau sau
mil	एक हज़ार	ek hazār
diez mil	दस हज़ार	das hazār
cien mil	एक लाख	ek lākh
millón (m)	दस लाख (m)	das lākh
mil millones	अरब (m)	arab

3. El ser humano. Los familiares

hombre (m) (varón)	आदमी (m)	ādamī
joven (m)	युवक (m)	yuvak
mujer (f)	औरत (f)	aurat
muchacha (f)	लड़की (f)	larakī
anciano (m)	बूढ़ा आदमी (m)	būrha ādamī
anciana (f)	बूढ़ी औरत (f)	būrhī aurat
madre (f)	माँ (f)	mān
padre (m)	पिता (m)	pita
hijo (m)	बेटा (m)	beta
hija (f)	बेटी (f)	betī
hermano (m)	भाई (m)	bhaī
hermana (f)	बहन (f)	bahan
padres (pl)	माँ-बाप (m pl)	mān-bāp
niño -a (m, f)	बच्चा (m)	bachcha
niños (pl)	बच्चे (m pl)	bachche
madrastra (f)	सौतेली माँ (f)	sautelī mān
padrastro (m)	सौतेले पिता (m)	sautele pita
abuela (f)	दादी (f)	dādī
abuelo (m)	दादा (m)	dāda
nieto (m)	पोता (m)	pota
nieta (f)	पोती (f)	potī
nietos (pl)	पोते (m)	pote
tío (m)	चाचा (m)	chācha
tía (f)	चाची (f)	chāchī
sobrino (m)	भतीजा (m)	bhatīja
sobrina (f)	भतीजी (f)	bhatījī
mujer (f)	पत्नी (f)	patnī

marido (m)	पति (m)	pati
casado (adj)	शादीशुदा	shādīshuda
casada (adj)	शादीशुदा	shādīshuda
viuda (f)	विधवा (f)	vidhava
viudo (m)	विधुर (m)	vidhur
nombre (m)	पहला नाम (m)	pahala nām
apellido (m)	उपनाम (m)	upanām
pariente (m)	रिश्तेदार (m)	rishtedār
amigo (m)	दोस्त (m)	dost
amistad (f)	दोस्ती (f)	dostī
compañero (m)	पार्टनर (m)	pārtanar
superior (m)	अधीक्षक (m)	adhīkshak
colega (m, f)	सहकर्मी (m)	sahakarmī
vecinos (pl)	पड़ोसी (m pl)	parosī

4. El cuerpo. La anatomía humana

cuerpo (m)	शरीर (m)	sharīr
corazón (m)	दिल (m)	dil
sangre (f)	खून (f)	khūn
cerebro (m)	मस्तिष्क (m)	māstishk
hueso (m)	हड्डी (f)	haddī
columna (f) vertebral	रीढ़ की हड्डी	rīrh kī haddī
costilla (f)	पसली (f)	pasalī
pulmones (m pl)	फेफड़े (m pl)	fefare
piel (f)	त्वचा (f)	tvacha
cabeza (f)	सिर (m)	sir
cara (f)	चेहरा (m)	chehara
nariz (f)	नाक (f)	nāk
frente (f)	माथा (m)	mātha
mejilla (f)	गाल (m)	gāl
boca (f)	मुँह (m)	munh
lengua (f)	जीभ (m)	jībh
diente (m)	दाँत (f)	dānt
labios (m pl)	होंठ (m)	honth
mentón (m)	ठोड़ी (f)	thorī
oreja (f)	कान (m)	kān
cuello (m)	गरदन (m)	garadan
ojo (m)	आँख (f)	ānkh
pupila (f)	आँख की पुतली (f)	ānkh kī putalī
ceja (f)	भौंह (f)	bhaunh
pestaña (f)	बरौनी (f)	baraunī
pelo, cabello (m)	बाल (m pl)	bāl

peinado (m)	हेयरस्टाइल (m)	heyarastail
bigote (m)	मूँछें (f pl)	mūnchhen
barba (f)	दाढ़ी (f)	dārhī
tener (~ la barba)	होना	hona
calvo (adj)	गंजा	ganja
mano (f)	हाथ (m)	hāth
brazo (m)	बाँह (m)	bānh
dedo (m)	उँगली (m)	ungalī
uña (f)	नाखून (m)	nākhūn
palma (f)	हथेली (f)	hathelī
hombro (m)	कंधा (m)	kandha
pierna (f)	टाँग (f)	tāng
rodilla (f)	घुटना (m)	ghutana
talón (m)	एड़ी (f)	erī
espalda (f)	पीठ (f)	pīth

5. La ropa. Accesorios personales

ropa (f)	कपड़े (m)	kapare
abrigo (m)	ओवरकोट (m)	ovarakot
abrigo (m) de piel	फरकोट (m)	farakot
cazadora (f)	जैकेट (f)	jaiket
impermeable (m)	बरसाती (f)	barasātī
camisa (f)	कमीज़ (f)	kamīz
pantalones (m pl)	पैंट (m)	paint
chaqueta (f), saco (m)	कोट (m)	kot
traje (m)	सूट (m)	sūt
vestido (m)	फ्रॉक (f)	frok
falda (f)	स्कर्ट (f)	skart
camiseta (f) (T-shirt)	टी-शर्ट (f)	tī-shart
bata (f) de baño	बाथ रोब (m)	bāth rob
pijama (m)	पजामा (m)	pajāma
ropa (f) de trabajo	वर्दी (f)	vardī
ropa (f) interior	अंगवस्त्र (m)	angavastr
calcetines (m pl)	मोज़े (m pl)	moze
sostén (m)	ब्रा (f)	bra
pantimedias (f pl)	टाइट्स (m pl)	taits
medias (f pl)	स्टाकिंग (m pl)	stāking
traje (m) de baño	स्विम सूट (m)	svim sūt
gorro (m)	टोपी (f)	topī
calzado (m)	पनही (f)	panahī
botas (f pl) altas	बूट (m pl)	būt
tacón (m)	एड़ी (f)	erī
cordón (m)	जूते का फ़ीता (m)	jūte ka fīta

betún (m)	बूट-पालिश (m)	būt-pālish
guantes (m pl)	दस्ताने (m pl)	dastāne
manoplas (f pl)	दस्ताने (m pl)	dastāne
bufanda (f)	मफ़लर (m)	mafalar
gafas (f pl)	ऐनक (m pl)	ainak
paraguas (m)	छतरी (f)	chhatarī

corbata (f)	टाई (f)	taī
moquero (m)	रूमाल (m)	rūmāl
peine (m)	कंघा (m)	kangha
cepillo (m) de pelo	ब्रश (m)	brash

hebilla (f)	बकसुआ (m)	bakasua
cinturón (m)	बेल्ट (m)	belt
bolso (m)	पर्स (m)	pars

6. La casa. El apartamento

apartamento (m)	फ़्लैट (f)	flait
habitación (f)	कमरा (m)	kamara
dormitorio (m)	सोने का कमरा (m)	sone ka kamara
comedor (m)	खाने का कमरा (m)	khāne ka kamara

salón (m)	बैठक (f)	baithak
despacho (m)	घरेलू कार्यालय (m)	gharelū kāryālay
antecámara (f)	प्रवेश कक्ष (m)	pravesh kaksh
cuarto (m) de baño	स्नानघर (m)	snānaghar
servicio (m)	शौचालय (m)	shauchālay

aspirador (m), aspiradora (f)	वैक्युम क्लीनर (m)	vaikyum klīnar
fregona (f)	पोंछा (m)	ponchha
trapo (m)	डस्टर (m)	dastar
escoba (f)	झाड़ू (m)	jhārū
cogedor (m)	कूड़ा उठाने का तसला (m)	kūra uthāne ka tasala

muebles (m pl)	फ़र्निचर (m)	farnichar
mesa (f)	मेज़ (f)	mez
silla (f)	कुर्सी (f)	kursī
sillón (m)	हत्थे वाली कुर्सी (f)	hatthe vālī kursī

espejo (m)	आईना (m)	āīna
tapiz (m)	कालीन (m)	kālīn
chimenea (f)	चिमनी (f)	chimanī
cortinas (f pl)	परदे (m pl)	parade
lámpara (f) de mesa	मेज़ का लैम्प (m)	mez ka laimp
lámpara (f) de araña	झूमर (m)	jhūmar

cocina (f)	रसोईघर (m)	rasoīghar
cocina (f) de gas	गैस का चूल्हा (m)	gais ka chūlha
cocina (f) eléctrica	बिजली का चूल्हा (m)	bijalī ka chūlha

horno (m) microondas	माइक्रोवेव ओवन (m)	maikrovev ovan
frigorífico (m)	फ़ूजि (m)	frij
congelador (m)	फ़्रीजर (m)	frījar
lavavajillas (m)	डिशवॉशर (m)	dishavoshar
grifo (m)	टोंटी (f)	tontī
picadora (f) de carne	कीमा बनाने की मशीन (f)	kīma banāne kī mashīn
exprimidor (m)	जूसर (m)	jūsar
tostador (m)	टोस्टर (m)	tostar
batidora (f)	मिक्सर (m)	miksar
cafetera (f) (aparato de cocina)	कॉफ़ी मशीन (f)	kofī mashīn
hervidor (m) de agua	केतली (f)	ketalī
tetera (f)	चायदानी (f)	chāyadānī
televisor (m)	टीवी सेट (m)	tīvī set
vídeo (m)	वीडियो टेप रिकार्डर (m)	vīdiyo tep rikārdar
plancha (f)	इस्तरी (f)	istarī
teléfono (m)	टेलीफ़ोन (m)	telīfon

www.ingramcontent.com/pod-product-compliance
Lightning Source LLC
Chambersburg PA
CBHW070837050426
42452CB00011B/2313